VUE DE ZEÏLAH.
(D'après un croquis de l'auteur.)

LES FRANÇAIS A OBOCK

I

Vers 1859, le consul de France à Massouah signala à notre gouvernement l'importance d'Obock comme station de ravitaillement et port de refuge. Ce point de la côte africaine commandait, en effet, la sortie de la mer Rouge, en face de Périm, occupé et fortifié par les Anglais. Situé dans le golfe d'Aden, par 10° 57 de latitude nord et 41° de longitude est, à l'extrémité sud-est du Danakil, entre la baie de Tadjourah et le détroit de Bab-el-Mandeb, il devait, s'il entrait en notre possession, garantir nos intérêts maritimes. Ces avantages étaient considérables et incontestés. Des bords du golfe de Tadjourah, prolongement du golfe d'Aden vers l'Afrique, et de ses autres ports principaux : Zeïlah, Berberah, partaient les routes suivies par les caravanes pour gagner l'intérieur des terres et se diriger surtout vers le royaume éthiopien du Choa. On pouvait non seulement établir à Obock une escale et un dépôt de charbon, mais y attirer le commerce de l'Afrique orientale et centrale, y trafiquer avec les Abyssins et les Somalis, y fonder une colonie dont la prospérité serait possible. Le vice-consul français à Aden, M. Henri Lambert, s'en rendit parfaitement compte, et, pour réaliser ce projet, il entra en négociation avec les chefs indigènes, qui acceptèrent ses ouvertures. Un marché fut conclu; mais quand Henri Lambert se rendit à Obock pour reconnaître définitivement son acquisition au nom de la France, le *reïs* (patron) du *sambouck* arabe qui le transportait l'assassina pendant la traversée. On ne put prouver de quelles instigations le meurtrier était l'instrument, quoiqu'on ne trouvât en sa possession, après le crime, que de l'or anglais. Le capitaine de vaisseau Fleuriot de Langle, qui commandait à Bourbon notre station navale des Indes, reçut l'ordre de faire une démonstration dans le golfe d'Aden, et *la Cordelière*, portant son pavillon, parut successivement devant Zeïlah, Tadjourah et toute la côte. Les chefs de la région, livrés par leurs complices, furent enchaînés à bord de la frégate française, et le reïs aurait sans doute subi le châtiment suprême, si le misérable n'était mort subitement. Le commandant Fleuriot de Langle poursuivit l'œuvre d'Henri Lambert et put s'assurer qu'Obock, petite rade naturelle dessinée par des falaises madréporiques, répondait bien à ce que l'on en attendait. Le cabotage indigène y était très actif de longue date, les naturels venaient y faire provision d'eau et de bois; ils s'y abritaient par les gros temps. Le choix de cette position était donc excellent. Les bases de l'arrangement fait avec le vice-consul d'Aden furent ratifiées par les chefs, et la convention eut force de loi dès 1862.

La France aurait pu tout aussi facilement devenir maîtresse de Périm et tenir, par conséquent, les deux clefs de la mer Rouge, si quelques années auparavant les Anglais n'avaient eu l'oreille fine et la décision prompte. L'incident est bon à rappeler, et M. Denis de Rivoyre le conte d'une manière piquante :

« On était au lendemain de la guerre de Crimée, et déjà se faisaient jour les idées dont plus tard devait s'inspirer l'activité d'Henri Lambert. Périm était vacant. Nulle puissance européenne n'en revendiquait la possession. La position était exceptionnelle. Le commandant X... (ne le nommons pas) reçut l'ordre d'y planter le pavillon français. Un secret rigoureux était imposé. L'état-major, aussi bien que l'équipage du navire, ignorait le but du voyage. On arriva à Aden. A peine débarqué, visite de l'officier français au gouverneur de la place, et, en échange, invitation de celui-ci, pour le soir même, à dîner. L'étranger se trouvait naturellement à la droite de son hôte. Ils causaient entre eux à demi-voix de la situation politique, des perspectives nouvelles réservées à l'Orient par l'accord de la France et de l'Angleterre, et tout en se félicitant mutuellement des liens que cette entente réservait désormais à l'amitié des individus comme des peuples, notre compatriote crut pouvoir se départir, vis-à-vis d'un amphitryon si aimable, de la réserve officielle qu'il avait observée jusque-là.

« — En vous quittant, lui dit-il, je le confie à votre discrétion, je vais accomplir une mission qui, dans ces mers, rapprochera encore plus nos deux pavillons maintenant inséparables.

« — Vraiment?

« — Oui, j'ai l'ordre d'aller planter le pavillon français sur l'île de Périm, et demain, au point du jour, j'appareille pour cette destination.

« — Tous mes compliments, réplique son interlocuteur avec un sourire.

« Puis on se lève de table, et le souriant gouverneur disparaît quelques minutes, en s'excusant sous un prétexte banal. Il rentre; les cigares et les verres de punch se succèdent, et lorsqu'on se sépare vers le coup de minuit, c'est avec de chaleureuses étreintes et des souhaits cordiaux pour le succès de l'entreprise.

« A terre, on dort encore. Au point du jour, comme il avait été dit, le bâtiment français appareille et se dirige vers l'entrée de la mer Rouge. Bonne mer et bon marcheur. Périm est signalé. Voilà l'îlot dénudé qui, dans une heure, fera partie du domaine de la France. Le branle-bas est commandé, il en faut prendre possession avec toutes les cérémonies et les honneurs d'usage. Encore quelques tours de roue. Mais en approchant davantage, qu'est ceci? Sur la plage, un pavillon est déjà planté et flotte au haut d'un mât; au pied, un factionnaire, des soldats qui paraissent le garder. Plus loin, un petit vapeur dont la cheminée se montre au-dessus d'une saillie du rocher. On dirait les couleurs anglaises et des soldats anglais... En effet, c'étaient bien les uns et les autres. Le gracieux gouverneur d'Aden, saisi par la nouvelle que lui communiquait son hôte, n'avait point perdu la tête. Sa disparition soudaine après dîner n'avait eu d'autre motif que de lui permettre de donner à son tour des instructions pour qu'un aviso de la marine britannique chauffât sans retard et devançât les Français à cet îlot de Périm sur lequel son gouvernement, il le savait, avait déjà jeté son dévolu. Et notre ineffable commandant, à nous, dupé, bafoué, n'eut plus qu'à battre en retraite et à venir rendre compte, comme il put, de l'échec piteux de sa mission.

« Voilà comment aujourd'hui Périm appartient à l'Angleterre. »

II

Il nous resta Obock. Le commandant Fleuriot de Langle en avait obtenu la cession, dès 1860, moyennant dix mille thalaris, environ cinquante-cinq mille francs, payés aux chefs Danakil, qui lui vendaient tout le rivage depuis l'extrémité de la baie de Tadjourah jusqu'à la pointe de Raz-Doumeirah. Nous avons dit que la ratification du marché eut lieu deux ans après. Ce traité passa pour ainsi dire inaperçu. En France, où l'on s'intéressait alors fort peu à notre expansion coloniale, et où on la combattait et la raillait même, il n'y eut qu'un tout petit nombre d'initiés qui en eurent connaissance, entre autres MM. Salmon et des Essarts, tous deux alors lieutenants de vaisseau à bord de l'aviso momentanément en station à Obock, puis M. Monge, qui, détaché du consulat de Port-Saïd, avait séjourné quelque temps dans la nouvelle possession française, avec les deux officiers de marine. Tous les trois espéraient que la France ferait preuve, à cet égard, d'une action prompte autant qu'énergique; ils savaient quelles ressources on pourrait tirer d'Obock, et en interrogeant les populations indigènes de la région ils avaient pu se convaincre de la richesse des territoires galla et éthiopien, avec lesquels on pourrait entrer en contact. M. Monge s'était mis en rapport avec le plus puissant des chefs, Abou-Bèkre, le grand marchand d'esclaves, qui, dès que notre pavillon fut planté à Obock, s'était fait officiellement appeler *Protégé français*. Ce protégé restait en réalité le maître. Un navire français venait par aventure mouiller à Obock « pour s'assurer si la hampe du pavillon planté depuis 1862 n'était point enlevée »; les officiers échangeaient des politesses avec Abou-Bèkre qui les invitait à une partie de chasse dans les bois ou sur le plateau, et le bateau remettait à la voile. C'était tout. Le silence se faisait sur Obock et la France n'y pensait plus.

Insouciance et ignorance, on songeait si bien à d'autres rêves coloniaux que, lorsque, en 1868, M. Denis de Rivoyre parla d'Obock dans une conférence à la Société de géographie, la plupart des auditeurs n'avaient jamais entendu parler de cette propriété française. On conçoit que ses démarches auprès des ministres pour faire cesser cet oubli n'aient eu à ce moment aucun succès. Les chefs du gouvernement lui donnaient l'assurance que la protection de leur département ne lui ferait pas défaut, et l'autorisaient même à s'établir sur les points du territoire d'Obock qui lui paraîtraient le plus favorables pour y faire des travaux et y élever des constructions; mais, comme il le dit lui-même, la sympathie officielle ne sortait pas du domaine platonique. Cependant l'idée dont il se faisait le champion faisait des progrès et les écrits qu'il publiait dans les revues de géographie et d'exploration la remettaient fréquemment sur le tapis. Malheureusement, la guerre de 1870 survint; d'autres préoccupations le détournèrent forcément de son but; il ne put se remettre à la tâche qu'en 1879.

Dans l'intervalle, une petite expédition française était allée tenter fortune sur la côte orientale d'Afrique, vers le Choa. Ces aventuriers avaient séjourné quelques mois à Tadjourah et à Obock, puis, en chemin vers leur but, ils avaient presque tous été assassinés. Un des survivants, Pierre Arnoux, parvint à regagner la France et se rencontra avec M. Denis de Rivoyre. A cette époque, la Société des études coloniales et maritimes, fondée quelque temps auparavant, s'occupait de la question. Elle accorda son appui moral à l'entreprise d'ouvrir les voies de l'Afrique intérieure à la civilisation européenne, et d'établir, à cet effet, un comptoir à Obock. M. de Rivoyre partit en août 1880 avec sept compagnons. Il se rendit d'abord à Zeïlah pour s'aboucher avec Abou-Bèkre, et il n'obtint aucun résultat effectif. Il apprit qu'une compagnie, créée à Paris pour suivre la même idée que lui, avait sombré avant de s'être mise à flot, et un numéro du *Journal officiel*, qui lui tomba par hasard sous les yeux, lui prouva qu'au ministère, à Paris, on déclinait toute responsabilité de ce qu'il essayerait d'organiser. Le département de la marine déclarait que le gouvernement n'avait fait aucune concession et n'en ferait point; bref, les promesses données simplement sur le papier s'y étaient effacées.

M. de Rivoyre ne se découragea point. Rentré en France, il s'attacha très activement à démontrer que le développement d'Obock était tout indiqué, et que la ligne maritime dont ce port devait être un point indispensable ne tarderait pas à être créée, dès que l'on aurait relié d'une façon directe et permanente Obock avec la métropole. Les explorations qu'il avait faites dans les vallées de l'Euphrate et du Tigre, en Chaldée, en Mésopotamie, en Perse, à Bagdad, lui donnaient de l'autorité. Il prouva que, si son projet se réalisait, il pouvait compter tout de suite sur la majeure partie du trafic indigène, « lassé des exigences et de l'arrogance des Anglais, dont le pavillon exclusif se voyait et régnait alors dans ces mers. » Le projet fut exécuté par la Compagnie des *Steamers de l'Ouest*, dont le directeur, M. Jules Mesnier, le seconda. Enfin, à dater de janvier 1882, grâce à sa persévérance, le *service de l'Orient* montrait régulièrement pour la première fois dans le golfe d'Oman et le golfe Persique « le pavillon français à côté des couleurs britanniques, en touchant à Mascate, à Obock, sans relâcher à Aden. »

III

L'élan était donné, la voie ouverte. On savait enfin en France qu'Obock existait et valait la peine d'être regardé. La *Compagnie franco-éthiopienne*, fondée par M. Arnoux, avait réuni un petit capital et des adhérents, une

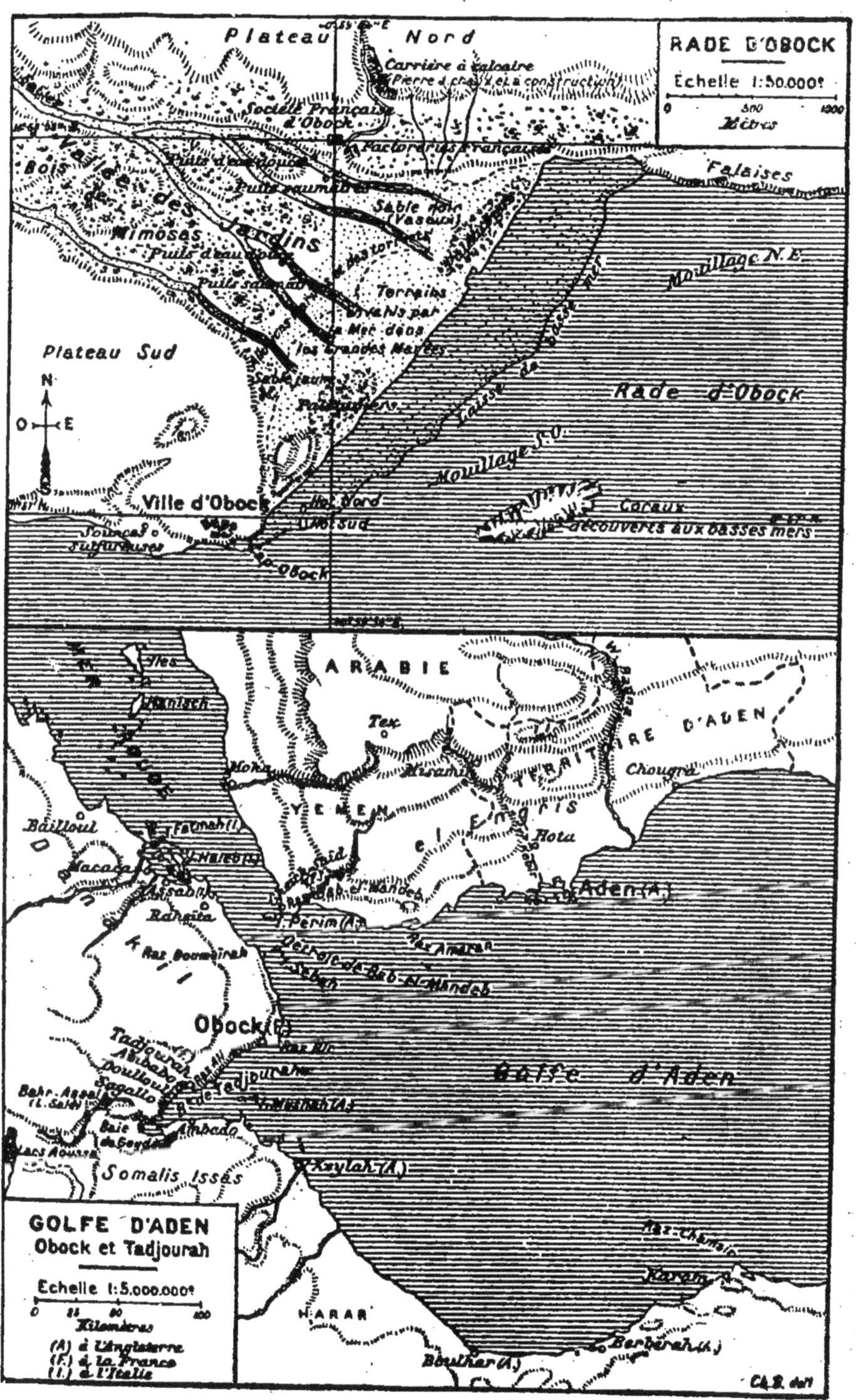

RADE D'OBOCK
Echelle 1:50.000e
0
500
1000
Mètres
Plateau
Nord
Carrière à calcaire
Société Française d'Obock
Factoreries Françaises
Falaises
Bois de Mimoses
Vallée des Jardins
Puits d'eau douce
Puits saumâtres
Sable noir (Vaseux)
Terrains envahis par la Mer dans les Grandes Marées
Mouillage N.E.
Plateau Sud
N
O
E
S
Rade d'Obock
Mouillage S.O.
Ville d'Obock
Coraux découverts aux basses mers
Sources sulfureuses
Ilot Nord
Ilot Sud
Obock
ARABIE
Iles
Tez
TERRITOIRE D'ADEN
Moka
YEMEN
Chougra
Baïlloul
Fatmah (I.)
Hota
Aden (A.)
Assab (I.)
Raheita
Périm (A.)
Ras Doumeirah
Détroit de Bab-el-Mandeb
Obock (F.)
Tadjourah
Golfe d'Aden
Bahr-Assal (L. Salé)
Sagallo
Baie de Goubet
Lacs Aoussa
Somalis Issas
Zeylah (A.)
GOLFE D'ADEN
Obock et Tadjourah
Echelle 1:5.000.000e
0
100
200
Kilomètres
(A) à l'Angleterre
(F.) à la France
(I.) à l'Italie
HARAR
Karam
Berberah (A.)
Boulhar (A.)
Ca.R. del

quinzaine de personnes. Ce furent les premiers colons français d'Obock. Six mois après, une autre compagnie se constituait, la *Société française d'Obock*, et lançait une expédition ayant pour chef Paul Soleillet, qui s'était fait connaître par ses voyages au nord de l'Afrique et au Sénégal (1). Soleillet arriva le 12 janvier 1882 à Obock, où il trouva la petite colonie d'Arnoux. Il s'associa aussitôt à elle avec les siens. Mais la mésintelligence ne tarda pas à se glisser parmi les associés, dont les ressources s'épuisaient. En outre, ils avaient à se mettre en garde contre les indigènes Danakil, bandits et féroces. Ceux-ci, repoussés à coups de fusil, vengeant la mort d'un d'entre eux qui avait succombé, massacrèrent Arnoux. Le gouvernement français ouvrit une enquête. Deux des indigènes qui avaient participé au meurtre furent condamnés à mort, puis graciés, sans doute par crainte des représailles. Soleillet, pour empêcher le retour des actes de brigandage, fit construire une tour qui reçut son nom, et noua avec les chefs des relations amicales. Il obtint ainsi la cession du petit port de Sangallo, sur la côte nord-ouest du golfe de Tadjourah. Bientôt les communications s'établirent entre Obock et le Choa. Il semblait que la *Société française d'Obock* fût prospère, mais ce n'était qu'une apparence trompeuse; Soleillet l'abandonna d'ailleurs pour reprendre son rôle d'explorateur, plus en harmonie avec son caractère. Obock faillit sombrer. Une nouvelle société, les *Factoreries françaises*, devait sauver la colonie, mais ce ne fut qu'une déception encore plus grande que les précédentes. On acquérait ainsi la certitude que l'initiative privée, livrée uniquement à elle-même, était impuissante à déterminer une réussite. L'avènement de Jules Ferry changea la situation. La politique coloniale allait enfin s'inaugurer sérieusement.

IV

Le 24 juin, un décret paru à l'*Officiel* nommait le premier « commandant d'Obock ». En même temps les Chambres étaient avisées d'un projet de loi précisant catégoriquement les intentions du gouvernement sur notre escale dans le golfe d'Aden. On déclarait que le but envisagé, quand on avait acquis Obock vingt-deux ans auparavant, avait à peu près été abandonné et qu'il importait d'avoir, au sortir de la mer Rouge, un centre de ravitaillement pour y faire du charbon et des vivres.

« Le port naturel d'Obock est excellent, disait l'exposé du projet, des travaux plus importants le rendront très commode. L'eau douce y est recueillie facilement et une grande partie du terrain y peut être livrée à la culture. En outre, les habitants, dont les sentiments nous sont très favorables, nous aideront à former un centre colonial, où la sécurité sera assurée par la présence d'un petit détachement. Au point de vue économique, Obock peut devenir le débouché des riches provinces du Choa, qui cherchent en ce moment à envoyer leurs produits à la côte, et, de ce côté, nous avons tout lieu de compter pour l'avenir sur une réelle prospérité commerciale. »

C'était l'ère nouvelle des enthousiasmes. On ne se contenta pas de

(1) Voir *Paul Soleillet en Afrique*, par Jules Gros. (Paris, Alcide Picard et Kaan.)

l'annoncer. Il y eut cette fois des actes. La France prit possession de Sangallo, que lui rétrocédait Soleillet, puis de la tour de Tadjourah, où on planta notre drapeau. Il était temps, car, une heure et demie après, les Anglais vinrent mouiller devant Tadjourah. Ils durent virer de bord. Nous prenions notre revanche de Périm. Cette prise de possession fut complétée par une série de traités avec Abou-Békre, et, grâce à lui, nous devînmes maîtres des territoires d'Ambabo, de Guibét-Kereb, de Rio-Ali.

La fertilité d'Obock et de la région ne tarda pas à être démontrée par l'expérience. L'avenir de la colonie française se dessinait, éveillant, comme on le pense bien, les jalousies des Anglais. Ne pouvant nous évincer de Tadjourah, ils avaient espéré faire main basse sur le Harrar, mais ils y rencontrèrent pour rivaux les Italiens, qui étaient à Massouah, et ne voulurent point entrer en lutte avec eux, parce qu'ils avaient l'un et l'autre intérêt à unir leurs efforts contre les madhistes après la prise de Khartoum et de Kassala.

Par suite de cette attitude, dont bénéficia Obock, ce port était, en 1885, déjà presque florissant, quand, au commencement de l'année, des pluies torrentielles suivies d'un formidable cyclone ravagèrent toute la région. La tour Soleillet fut détruite; un aviso, *le Renard*, s'engloutit, corps et biens; la colonie naissante, cruellement éprouvée, perdit en un jour tous les avantages conquis. Elle se releva toutefois assez rapidement de ce désastre grâce aux qualités administratives tout à fait remarquables de son nouveau gouverneur, M. Moraès, qui répara toutes les pertes et fit front à toutes les difficultés. Obock profita des querelles entre les roitelets voisins en offrant un abri à tous ceux qui, tyrannisés ou exploités, vinrent chercher appui sous le pavillon français. Dans ces circonstances, sa population, qui, en 1862, ne dépassait pas trente habitants, monta, en quelques mois, à huit cents : Arabes, Abyssins, Somalis. Le petit port s'enorgueillit de ce progrès, et pour en perpétuer le souvenir, l'administration locale célébra la gloire des membres du gouvernement, à cette époque, MM. Ferry, président du conseil; Peyron, ministre de la marine, et Félix Faure, sous-secrétaire d'État aux colonies. Il y eut à Obock un cap *Ferry*, un centre ou quartier *Peyronville;* un autre, *Faureville*, et ainsi de suite.

Les traités de 1887 et 1888 entre la France et l'Angleterre, en ce qui concerne, d'une part, Obock et Tadjourah; d'autre part, le Harrar, ont fait entrer la colonie dans la phase de l'évolution régulière. N'était l'épidémie qui y sévit parfois dans des conditions effroyables, comme en 1892, quoique le climat soit relativement sain, les Français d'Obock seraient favorisés comme établissement colonial.

« Les progrès de la petite colonie, disait M. de Rivoyre, il y a dix ans, s'accentuent. Au début de 1887, les 800 habitants de 1885 y sont de 1,800 à 2,000. Des négociants grecs, des Banians, y sont fixés. Un hôtel français balance, aux yeux des passagers en escale, son enseigne alléchante. Et ces passagers, maintenant, sont nombreux. Décidément, voilà Aden abandonné. Il ne dépend que de nous d'en écarter également les autres marines de l'Europe, en pressant le développement d'Obock, qui, mieux situé, mieux approvisionné, n'attend que l'impulsion d'en haut pour devenir le marché effectif et journalier de l'Afrique intérieure. »

Ce sage conseil a-t-il été écouté? ces mesures ont-elles été prises? cette impulsion se donne-t-elle réellement? Questions plus faciles à poser qu'à résoudre. L'année dernière, une mission fut confiée à M. Lagarde, gouverneur d'Obock, et à l'intrépide explorateur, M. Bonvalot, en vue de doter l'Abyssinie de la voie ferrée d'Auletto à Djibouti, débouché naturel du Harrar et de l'Éthiopie méridionale. Si ces communications, faites avec le monde civilisé, sont assurées au royaume du Négus, elles traverseront nécessairement nos possessions d'Obock. Et ce serait le couronnement de l'œuvre dont M. Denis de Rivoyre fut, on ne saurait l'oublier, un des précurseurs et des champions.

Malheureusement, l'ingratitude administrative a traité Obock en fils du premier lit auquel on préfère un enfant né de secondes noces. On a substitué Djibouti à Obock comme siège de notre gouvernement des bords de la mer Rouge, et pendant qu'Obock est relégué au second plan, dans l'obscurité, l'esclavage continue à fleurir à Djibouti sous l'œil vigilant d'Abou-Bèkre fils, sans que le gouvernement français fasse intervenir son autorité pour mettre fin à ce honteux marché.

Charles SIMOND.

L'INSTALLATION DU GOUVERNEMENT AU CAP D'OBOCK.

(D'après une photographie.)

OBOCK (1)

Obock est une petite baie sur la côte orientale d'Afrique, que le navigateur, à la hauteur du détroit de Bab-el-Mandeb, découvre à sa droite, en sortant de la mer Rouge.

Par un traité en date du 3 mars 1862, la France en fit l'acquisition des chefs indigènes du pays, ses seuls et légitimes propriétaires, ainsi que d'un territoire de vingt-cinq lieues carrées environ dont les termes de la convention précisent les limites. Le tout fut payé dix mille thalaris, soit à peu près cinquante mille francs de notre monnaie.

Le gouvernement français se proposait d'y installer un dépôt de charbon et d'aménager le port de façon à en faire, pour notre marine, une station où, sur la route des Indes et de la Cochinchine, elle pût trouver le refuge et les ressources qu'elle est réduite à demander encore soit à Aden, soit à Pointe de Galles, à l'hospitalité parfois précaire et toujours jalouse de l'Angleterre.

A l'époque de l'achat d'Obock, les négociations du commandant Fleuriot de l'Angle, mort récemment vice-amiral, chargé de cette mission, avaient trouvé un auxiliaire actif dans la personne d'un des chefs locaux, nommé Abou-Bèkre. C'était le plus puissant de tous. Il régnait sur toutes les terres avoisinantes. Ambado lui appartenait; Zeilah relevait de son autorité. Grâce à lui, les assas-

(1) Extrait du volume de M. Denis DE RIVOYRE : *Obock, Mascate, Bouchire, Bassorah.* (Paris, Plon.)

sins du malheureux Lambert, vice-consul de France à Aden, que tout le zèle des fonctionnaires anglais n'était pas parvenu à découvrir, nous furent même livrés. En mainte occasion, il s'était proclamé et révélé l'ami des Français. Mon premier souci devait donc être de m'assurer si ses anciennes dispositions à notre égard ne s'étaient pas modifiées et s'il était possible de compter, comme par le passé, sur son concours.

Mais, en dépit du rang secondaire auquel il s'était vu relégué, son influence n'en était pas moins restée prépondérante et indiscutée dans toute la région. Les chemins de l'intérieur à la mer s'ouvraient ou se fermaient à sa volonté. Sa famille était nombreuse, ses clients plus encore, et sept de ses fils, habilement dispersés sur les points les plus importants, en étaient les instruments dociles. L'un d'eux demeurait à la cour de Menelik, roi du Choah ; un autre chez Mohammed Amphali, le sultan d'Aoussa; d'autres chez les Gallas, chez les Adels ; il en était même un à Moka. Pas une caravane ne descendait des hauts plateaux et ne s'aventurait dans le vaste territoire qui les sépare du littoral, si l'un d'eux n'était à sa tête ou n'avait délivré un sauf-conduit au chef qui la guidait. Il n'était ainsi ni transactions commerciales ni explorations isolées à même de se soustraire à son alliance ou à son contrôle, et rien ne pouvait se tenter fructueusement à Obock en dehors de lui. Je ne l'ignorais pas.

Avant de toucher à Obock, on pousse jusqu'à Zeilah. En approchant, une côte uniformément jaune et basse. Dans le lointain, très loin, des chaînes de montagnes qui s'enchevêtrent confusément les unes dans les autres. La navigation devient difficile. Les cartes marines indiquent de nombreux bancs au travers desquels il faut se mouvoir avec précaution. Nous n'avançons que la sonde à la main, lentement. C'est l'entrée de ce qu'on appelle le golfe de Tadjourah, petite échancrure par laquelle les flots de l'océan Indien mordent la terre africaine. Bientôt sur la gauche, Zeilah va apparaître. En effet, voici comme une masse plus obscure qui tranche sur les miroitements de ce sable dont les rayons du soleil envoient la réverbération jusqu'à nous. C'est la ville. Une plage assez considérable la sépare de la mer. De ce côté, nos lorgnettes nous montrent quelques samboucks, et en avant, deux navires plus gros. L'un est un aviso égyptien, l'autre une petite goélette française.

Nous sommes encore loin de tout cela. Et pourtant il faut mouiller. Les bas-fonds deviennent de plus en plus menaçants. Aucun pilote local n'est là pour diriger nos mouvements. Il y aurait imprudence à se risquer davantage. Nous jetons l'ancre à trois ou quatre milles environ du rivage.

J'étais pourvu de deux lettres de recommandation très chaudes pour Abou-Bèkre : l'une de l'amiral de l'Angle, l'autre de M. Monge, notre consul au Caire et son ami particulier. Le pavillon hissé, j'expédiais déjà mon interprète à terre pour les lui porter, lorsque, au moment même où il s'éloignait, on signala une embarcation indigène, la voile au vent, chargée de monde; nous attendîmes.

Au bout de près d'une heure, elle nous accostait. Un soldat égyptien en uniforme tenait la barre. Sur les bancs, une dizaine d'individus au teint plus ou moins foncé, vêtus de costumes fantaisistes, longue chemise blanche ou bleue descendant à la cheville, coiffés du fez ou du turban, des sabres droits ou recourbés entre les jambes; deux ou trois plus richement habillés, entre autres un tout jeune homme enveloppé d'une longue robe rouge, et enfin un personnage sanglé dans la tunique officielle des fonctionnaires de la Porte, brodée d'or sur toutes les coutures. C'était évidemment une visite d'importance.

Chacun grimpa prestement sur le pont. Le monsieur chamarré d'or était un grand gaillard, déjà vieux, mais fort vert, absolument noir, malgré des traits fins et réguliers. Il me fut annoncé comme un pacha de haute volée, qui, ayant reconnu le pavillon français, avait cru devoir venir me saluer aussitôt. Celui qui portait la parole était le médecin sanitaire, auquel son séjour à Alexandrie avait appris à estropier quelques mots de français. Les premiers salamalecs échangés, des rafraîchissements furent servis, des cigares offerts, et je chargeai mon interprète de remercier le pacha de son empressement, en lui exprimant à quel point sa démarche m'était agréable.

Cet interprète était un ex-chancelier de consulat, pauvre diable que des circonstances peu favorables pour lui m'avaient fait connaître, et dont j'avais eu pitié; né et élevé en Orient, il en parlait, prétendait-il, à peu près toutes les langues, y compris l'arabe, dont l'usage devait m'être journalier. A peine a-t-il formulé sa phrase que les uns et les autres se regardent et personne ne répond. Il la répète, même manège. A la fin, le médecin se penche vers moi et me dit à demi-voix que le pacha ne comprend pas le turc. C'était cette langue que mon drôle parlait, en effet, et c'était, ce que j'eus lieu de reconnaître ensuite, avec le grec, le seul des idiomes de l'Orient dont il eût la pratique. Quant à l'arabe, à l'endroit duquel il s'était bien jusqu'alors gardé de m'avouer son ignorance, il savait, il est vrai, en lire, et même en écrire quelque peu les caractères; mais dès qu'il fallait le parler, sans en rien dire, il recourait au turc, et rejetait généralement sur la prétendue insuffisance ou la sottise de ses interlocuteurs, dont il inventait en partie les réponses, ce que la conversation laissait nécessairement dans ce cas de vague et de décousu. Je n'ai jamais, d'ailleurs, rencontré d'imagination plus souple et plus accessible au mensonge. La vérité toute simple lui répugnait. J'eus à en faire, à mes dépens, la triste expérience. Par bonheur, cette fois, j'en savais assez moi-même pour me passer de lui et me faire comprendre.

— Connaissez-vous Abou-Bèkre ? demandai-je au pacha

— Abou-Bèkre ? mais c'est moi.

C'était mon homme, en effet, que tout ce que j'avais entendu raconter de son origine, de son genre de vie, me préparait mal à reconnaître sous cet accoutrement.

Aussitôt, grande effusion de ma part :

— Eh bien ! c'est exprès pour vous voir que je suis venu à Zeilah. Voici des lettres qui vous en expliqueront le motif.

Il prit mes lettres d'une main et les passa de l'autre à un secrétaire. Comme nos ancêtres, au moyen âge, bon nombre de grands chefs indigènes sont peu familiers avec l'art difficile de la lecture et de l'écriture et, pour y suppléer, gardent toujours dans leur entourage quelque lettré de confiance, honoré de cette charge. Seulement, avec la finesse et la prudence dont en même temps ils ne se départissent jamais, Abou-Bèkre ajouta tout bas, en me montrant sa suite du coin de l'œil, que ce n'était pas le moment de parler affaires, et que nous en causerions plus tard. Puis, il se remit à fumer méthodiquement son cigare, à siroter son café à petites gorgées et à m'adresser çà et là quelques questions banales, pendant qu'une partie des siens visitait le navire Il me les présenta tous un à un. Le jeune homme au cafetan rouge était son fils ; une jolie figure, éclairée de deux grands yeux curieux et doux à la fois ; puis le chef de la douane ; puis le capitaine de ses soldats particuliers. Car, outre la garnison régulière que tient l'Égypte à Zeilah, elle tolère, ce qu'elle ne pourrait probablement pas empêcher, auprès du pacha une petite troupe d'irréguliers recrutés parmi ses sujets personnels, telle qu'il en avait déjà avant l'annexion ; tous, comme le patron, du plus beau noir, mais d'un noir gracieux, qui ne déparait en rien l'expression intelligente de leur physionomie. Cependant, tout en parlant, il semblait mal à l'aise. Ses pieds s'agitaient nerveusement. De temps à autre, il y portait même la main avec inquiétude. C'étaient de superbes bottines vernies, dans lesquelles la solennité de l'uniforme et de l'entrevue l'avait contraint à les emprisonner, et qui le gênaient affreusement. Ceux de ses compagnons qui n'étaient pas tout bonnement pieds nus avaient exhibé les sandales peu sévères des grands jours. Afin de ne pas prolonger son supplice, je lui dis que je tenais à lui rendre officiellement sa

JEUNE INDIENNE D'OBOCK.

(D'après une photographie.)

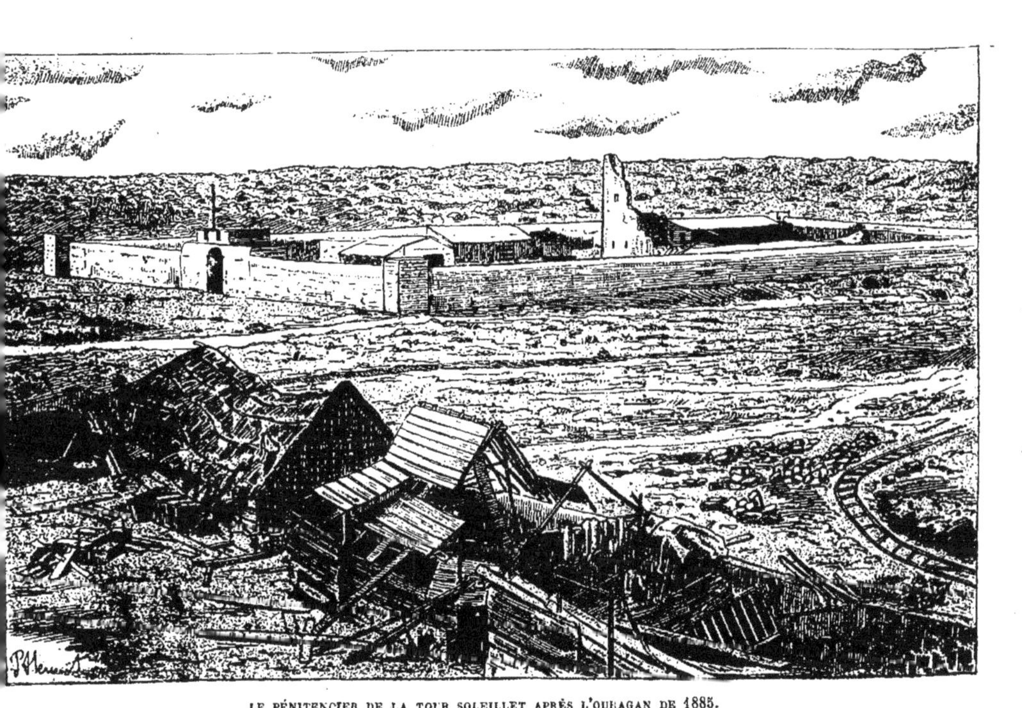

LE PÉNITENCIER DE LA TOUR SOLEILLET APRÈS L'OURAGAN DE 1885.
(D'après une photographie.)

visite, et que, dans la soirée, je me présenterais, entouré de l'apparat voulu, à son divan. Pour se mettre en mesure de me recevoir dignement, il n'avait pas de temps à perdre. Il se leva et, après de chaudes poignées de main, regagna son embarcation. A peine se crut-il hors de la portée du regard que nous le vîmes, du bout de nos lorgnettes, se déchausser fiévreusement.

Deux heures après son départ, la chaloupe à vapeur du bord nous transportait, à notre tour, tous en grande tenue, chez le pacha. Au-dessus et un peu à l'écart des huttes qui composaient la ville, nous distinguions un grand édifice carré en maçonnerie. C'était sa résidence, ou plutôt le divan ; car il habitait personnellement tantôt l'une, tantôt l'autre des trois ou quatre maisons qui lui appartenaient, et qui, seules de tout Zeilah, les mosquées à part, étaient, comme la première, construites en pierre. Une température de feu nous enveloppait ; pas un brin d'air ne ridait la surface des flots. La chaloupe glissait avec rapidité, laissant derrière elle un long sillage de fumée que ne dissipait aucun souffle. Au bout d'une demi-heure nous arrivions. Mais, bien que la marée fût haute, et malgré le faible tirant d'eau de l'embarcation, nous étions encore à près d'une vingtaine de mètres du rivage lorsqu'elle toucha. Nous dûmes franchir cette distance à califourchon sur les épaules de quelques noirs qu'Abou-Bèkre avait eu la précaution de nous envoyer dans ce but. Au nombre des porteurs figurait, entre autres, son fils, le jeune homme du matin, qui échut à mon domestique, un brave garçon du nom de Largei ancien zouave, heureux de raconter plus tard qu'il avait caracolé sur le dos d'un prince ! Ajoutons, il est vrai, que celui-ci avait quitté sa belle robe rouge pour reprendre le simple petit caleçon de bain en calicot qui constituait, suivant la mode de l'endroit, le principal élément de sa toilette habituelle.

La plage sablonneuse qui séparait la mer de la ville avait été, de ce côté, transformée en cimetière. Malgré leur culte pour les morts, les Orientaux se préoccupent peu, en général, de l'emplacement qu'ils assignent à leur dernière demeure. Tous les terrains vagues leur sont bons. Puis, un trou de quelques pouces au plus dans le sol, un peu de terre ramenée sur le corps, et voilà tout. Les chacals, les chiens et les oiseaux de proie ont vite fait de découvrir les cadavres. Mais peu importe ! une fois les cérémonies de l'enterrement accomplies, on ne songe plus guère à celui qui est abandonné là. Ainsi le veut la loi musulmane.

Zeilah venait d'être ravagée par une épidémie de petite vérole qui finissait à peine. Presque chacun de nos pas heurtait une tombe encore fraîche. Nous nous croisâmes même avec un convoi. De grands vautours, d'un vol circulaire, planaient au-dessus de nos têtes ; nous usurpions leur domaine. Sous l'influence de la chaleur, des puanteurs malsaines s'exhalaient de ce charnier.

Nous avions hâte d'en sortir. Les indigènes, eux, dont la foule accourue au-devant de nous se pressait sur notre passage, ne semblaient pas s'en apercevoir. Quelques-uns des enfants tout nus qui grouillaient entre nos jambes jouaient avec des os de mort. Après avoir côtoyé des cabanes en chaume à travers les fentes desquelles nous regardaient avidement les femmes. nous atteignîmes enfin l'édifice officiel, par un sentier semé d'ordures et de débris variés.

A la porte, tout un groupe de notabilités guettait anxieusement notre arrivée. Un homme plus grand que les autres, couvert de la tête aux pieds d'une gandoura ou chemise blanche flottante, s'en détacha à ma vue, et, après s'être incliné, me désigna l'entrée de la main, en faisant devant moi quelques pas. Je le suivis. Nous avions à escalader les marches d'un escalier étroit et roide qui nous conduisit à un premier étage, puis, de là, à une galerie intérieure. Mon guide, en me précédant toujours, me fit ainsi traverser une ou deux grandes pièces nues, des sortes de vestibules, au bout desquelles s'ouvrait une salle très vaste, garnie dans toute sa longueur d'un divan adossé à la muraille, de nattes étendues sur le sol, et où des sièges européens nous avaient été préparés. Je m'attendais à y trouver Abou-Bèkre, que j'avais jusque-là vainement cherché du coin de l'œil. Personne ! Je me retournai vers mon introducteur pour le questionner : c'était lui-même ! Le changement de costume le métamorphosait à tel point que je ne l'avais pas encore reconnu.

Il s'aperçut de mon étonnement :

— Tout à l'heure, j étais le pacha turc, me dit-il ; à présent, je suis redevenu Arabe.

Je le préférais infiniment, je l'avoue, sous ce nouvel aspect. Il n'avait plus ses bottines pour le torturer, et ses manières, débarrassées de leur caractère d'emprunt, me paraissaient plus ouvertes. Toute sa physionomie respirait un air de satisfaction mal contenue.

Le flot des curieux avait, derrière nous, envahi la maison et nous écoutait ou nous contemplait bouche béante. Le café obligatoire absorbé, de nouveaux personnages me furent présentés : l'officier qui commandait la garnison égyptienne, campée à peu de distance au dehors de la ville, et que je promis d'aller voir ; le capitaine de l'aviso, dont le rôle principal consistait à assurer le service postal avec Aden. J'appris aussi qu'un négociant français habitait momentanément Zeilah. La petite goélette que nous avions remarquée lui appartenait. Dix-huit mois auparavant, il était débarqué en compagnie d'un associé qui s'était directement rendu au Choah pour nouer des relations commerciales avec ce royaume. Depuis, il n'en avait pas eu de nouvelles, mais il l'attendait toujours. Et, en effet, il revint. Dix mois plus tard, à mon retour en France, j'eus même, en m'arrêtant à Aden, l'occasion de les rencontrer l'un et l'autre. Le voyageur du Choah avait quitté le roi Menelik, chargé de cadeaux pour le président de la République et de lettres de ce prince sollicitant le protectorat français

FEMMES ARABES DE CHEICK-SAÏD.

(D'après une photographie.)

Personnellement, il n'avait pas eu non plus à se plaindre de sa munificence, et une caravane de cinq cents chameaux, tous porteurs de denrées précieuses, sous la conduite du fils aîné d'Abou-Bèkre, l'avait accompagné à Zeilah.

Malgré les soixante-cinq à soixante-dix printemps dont il pouvait être affligé, Abou-Bèkre était encore un vigoureux gaillard. A Zeilah même, sans parler de son installation d'Ambabo, il pos-

UN CAMPEMENT.

sédait trois maisons, et dans chacune d'elles une femme avec tout le cortège féminin des harems de l'Orient. Un jeune Grec parlant bien le français, et depuis quelque temps fort avant dans sa faveur, m'informa que rien ne lui serait plus agréable qu'un cadeau distinct à l'adresse des trois beautés. Le lendemain, trois pièces de soierie, de couleurs différentes, — car il fallait bien se garder qu'elles fussent pareilles, — et quelques flacons de sirop, plus spécialement destinés au pacha, me précédaient. Aussi trouvai-je celui-ci le sourire sur les lèvres.

Ce jour-là, point d'importuns, point d'atours encombrants. Nous étions seuls, avec le descendant de Thémistocle pour drogman.

Quant au mien, il rôdait dans la localité, en quête de quelque verre d'araki, sorte d'eau-de-vie de dattes qui fait les délices de tout l'Orient. C'était, décidément, à ce genre de labeur que se bornait sa pratique de la langue arabe. Chaque fois, depuis, qu'il m'arriva, en effet, de le surprendre en tête à tête avec une bouteille :

— Que faites-vous là ? lui disais-je.

— Je travaille l'arabe, me répondait-il invariablement.

Aussi aurais-je fini par le rendre exclusivement à ses chères études si, un an plus tard, à Bassorah, la mort n'avait eu, mieux que moi, raison de cette nature flétrie et de ce tempérament usé.

A peine assis, Abou-Bèkre me tira une liasse de papiers cachée sous un coussin du divan. C'était, d'abord, un brevet en règle de protégé français que lui avait jadis délivré, au nom de l'empereur, l'amiral de l'Angle; puis des attestations de toute sorte signées des divers commandants français qui s'étaient succédé dans ces parages ; puis encore d'autres titres de nature analogue et d'origines diverses. Dans le nombre, deux ou trois lettres d'un de nos compatriotes, M. Lucereau, qui sommait, en termes hautains, Abou-Bèkre d'avoir à lui livrer passage pour qu'il pût pénétrer chez les Gallas. Dans le moment, je n'accordai pas une très grande attention à cette correspondance. Le pacha se bornait à m'expliquer que s'il ne répondait pas mieux au désir de M. Lucereau, c'était tout simplement parce que la surveillance du chemin que se proposait de prendre celui-ci échappait absolument à son action, et qu'il redoutait, en cas de malheur, la responsabilité qu'on ne manquerait pas de faire peser sur lui.

La mort de cet infortuné jeune homme, massacré plus tard bien loin de Zeilah, ne prouve que trop à quel point les appréhensions d'Abou-Bèkre étaient fondées. Je n'ignore pas que, dans une certaine mesure, des informations sans autorité ont cherché à faire remonter jusqu'à lui les causes de cette catastrophe. J'ai pu juger, au contraire, des efforts qu'il tenta pour dissuader le malheureux explorateur de son entreprise, et il est de mon devoir d'établir combien Abou-Bèkre, en cette circonstance, prit, une fois de plus, à cœur de se montrer l'ami d'un Français. Si le pauvre M. Lucereau l'eût écouté, il serait encore plein de vie et d'avenir, et les intérêts de la France à l'étranger compteraient un courageux serviteur de plus. Enfin, après m'avoir mis toutes ces pièces, une à une, sous les yeux, il entama un long discours où, m'énumérant tous les services qu'il avait naguère rendus à la France, tous les rapports qu'il avait eus avec les uns ou avec les autres, entremêlant son récit de ses griefs contre celui-ci, de son amitié pour celui-là, il finit par me protester de son dévouement inaltérable à notre pays et de son désir de le servir. Rien ne pouvait lui être plus agréable que notre présence à Obock. C'était lui qui avait conclu le traité auquel nous le devions. Toutes ses sympathies étaient donc acquises à l'initiative qui allait enfin y amener la vie.

Il y joignit une observation qui répondait trop à mes secrètes préoccupations pour que je n'y prêtasse pas une oreille attentive.

— Il est nécessaire, me dit-il, pour la prospérité de l'établissement français, que les populations indigènes se groupent alentour. C'est parmi elles qu'il recrutera les serviteurs et les ouvriers dont il aura besoin. Ce seront elles qui lui amèneront leurs bestiaux et les premières matières d'échange. Pour cela, il n'y a qu'un moyen, leur donner à manger. Apporte-leur des dattes, du riz, du dourah, tu les verras toutes accourir.

C'était également mon avis absolu et l'une des raisons qui me poussaient au golfe Persique; car je n'ignorais pas que les peuplades de ce littoral, au lieu de tirer leur subsistance de leurs propres efforts, la demandent, en majeure partie, aux caboteurs de l'Inde ou de l'Oman, qui leur livrent les denrées nécessaires à leur alimentation. Or, le golfe Persique était là pour nous les offrir à nous-mêmes dans des conditions exceptionnelles de bon marché et d'abondance, et les vapeurs que nous nous proposions de mettre en circulation dans ces parages, tout préparés pour les apporter avec rapidité et sécurité à Obock.

Enchanté d'Abou-Bèkre, je ne m'en séparai pas sans qu'il se fût engagé à venir dîner à bord. C'était de sa part une grande concession. Très fanatique, malgré ses idées françaises, il ne touchait jamais aucun mets s'il n'avait été préparé par ses femmes, de peur d'y rencontrer des mélanges impurs.

En le quittant, j'allai visiter la cité. Rien de nouveau pour moi. C'était toujours le même spectacle déjà connu : des ruelles étroites et tortueuses, des maisons et des enclos de roseaux ou d'herbes sèches, des tas d'immondices et d'ordures, des bambins nus et des chiens se roulant dans la poussière, quelques femmes hermétiquement voilées, quelques noirs silencieux, se glissant comme des ombres ou s'arrêtant pour me regarder; de temps à autre, des mendiants exhibant leurs plaies; des vendeuses d'eau, leur outre sur l'épaule; des marchandes de poissons secs ou de galettes de maïs, accroupies devant leur marchandise. Puis, au-dessus de tout cela, une atmosphère lourde et chaude, chargée de miasmes perfides et d'odeurs infectes ; des vautours et des corbeaux se disputant leur proie... Ville sans histoire, sans caractère et sans vie quand les caravanes en sont absentes, on se demanderait pourquoi Zeilah a jeté ses huttes sur ce petit promontoire de sable, loin de tout, loin de la mer, qu'à marée basse il faut aller chercher péniblement dans une vase puante; loin de l'eau douce, dont les puits sont à plus d'une heure de là, si l'on ne se rappelait précisément que, de tout temps, ce commerce de l'Afrique intérieure a tenté de se créer n'importe où, sur la côte, des stations par où il fût à

LA FABRICATION DU PAIN AU CHOA.

même de s'épancher au dehors et de s'y ménager quelques portes, comme le sera Obock, par où il pût aller au reste du monde entr'ouvert devant lui.

Le hasard me conduisit aux environs d'une cabane d'où s'échappaient des accents que je crus reconnaître. Je m'approchai. C'était mon interprète qui était parvenu à raccoler deux ou trois indigènes et, une tasse de café à la main, faute de mieux, leur expliquait sans doute, dans un turc assaisonné de quelque hâblerie cosmopolite, les qualités de l'araki que ceux-ci n'avaient pu lui procurer.

— Et ils vous comprennent? ne pus-je m'empêcher de lui demander.

— Certainement, mon commandant. Tout le monde parle le turc ici.

A peine les plus savants en avaient-ils ouï parler depuis les Égyptiens. Mais lui ne tarissait pas en doléances.

— Figurez-vous que le pacha pousse son rigorisme à tel point,

ODOCK.

(D'après une photographie.)

continua-t-il, qu'il proscrit de la façon la plus formelle toute liqueur forte dans Zeilah. De plus, une femme qui serait surprise causant avec un étranger serait impitoyablement chassée.

Ces renseignements, il les tenait du Français dont j'ai dit quelques mots plus haut, et que nous allâmes ensuite voir ensemble. Malgré toute sa confiance dans le retour de son partenaire, il ne paraissait pas absolument rassuré sur l'avenir. J'avoue que dix-huit mois de séjour à Zeilah eussent ébranlé une foi moins robuste. Le capitaine de sa goélette était chez lui. Il paraissait aussi en avoir assez. Là mon interprète eut enfin son araki. Mais, en ma présence, il en usait rarement et s'efforçait au contraire d'afficher à mes yeux des habitudes de sobriété que, le soir, venaient trop souvent démentir ses allures fléchissantes.

Le jour suivant, départ pour le camp. L'excursion se compliquait d'une partie de chasse dans les jardins d'Abou-Bèkre, situés près des mêmes puits que gardaient les soldats. La fatigue, il était probable, allait avoir à y jouer son rôle.

La route longeait en partie la mer. Des flaques d'eau laissées par la marée basse, s'échappait tout un monde croupissant de mollusques et d'insectes marins. Plus loin, des carcasses de chameaux, d'ânes, de bestiaux crevés là et abandonnés par leurs propriétaires, jonchaient le sol comme autant de lugubres jalons. Quelques soldats allaient et venaient les bras ballants, et de nombreuses troupes de femmes de tous les âges rapportaient sur le dos, dans une peau de chèvre cousue grossièrement, la provision d'eau du ménage, ou celle qu'elles allaient débiter pour un modique salaire. Malgré l'heure matinale, la chaleur était suffocante. Il n'en est jamais autrement sous les tropiques. A peine les rayons du soleil se lèvent-ils sur une nuit toujours sans crépuscule, qu'ils embrasent aussitôt l'atmosphère. Mais, dans le lointain, nous distinguions confusément des taches sombres qui se détachaient sur l'uniformité jaune des sables. C'étaient des arbres, c'étaient des jardins, la terre promise.

Au bout de deux heures, nous y touchons enfin... Pour arbres, de maigres tamaris sans feuillage et sans ombre, dispersés çà et là; pour jardins, derrière des buissons d'épines, de chétives ébauches de culture, pastèques rachitiques, tomates rabougries, etc. Puis, le lit vaste et caillouteux d'un torrent desséché avec quelques trous creusés au milieu. Ce sont les puits, les sources, comme les appelait avec emphase le jeune Grec interprète du pacha. Au bord, à deux pas, cinq tentes avec des fusils en faisceaux sur le front de bandière ; c'est le camp. Les hommes nous attendaient, rangés en bataille, — vingt-trois files, je les comptai ; c'était toute la garnison de Zeilah.

Un peu à l'écart, tout un village de gourbis au travers desquels bourdonnait une fourmilière de femmes et d'enfants, — les familles des soldats. Outre la tente commune de l'escouade, chacun en effet possédait une de ces huttes, quelquefois deux. Ces dames allaient puiser l'eau pour leurs époux, fabriquaient le pain, cuisinaient la ration, etc. Une vraie garde nationale orientale.

On nous avait promis des avalanches de gibier. Après nous être exténués en vain, et la chasse terminée, trois alouettes et une tourterelle sur le carreau, nous songeâmes au retour. Notre Grec, emporté par son ardeur cynégétique, n'était pas là au moment du départ; sans plus de façon, le capitaine s'adjugea sa monture et nous suivit, le laissant se débrouiller comme il pourrait. C'était pourtant sa propriété particulière, domestique, bête et harnachement; peu importe ! Le pauvre malheureux faillit en mourir.

Il fallait, en effet, qu'il rentrât coûte que coûte. C'était ce soir-là que le pacha nous faisait l'honneur de venir dîner à bord; son interprète ne pouvait déserter. Il arriva à la dernière minute, après avoir été ramassé à mi-chemin sur le sable, haletant, n'en pouvant plus, par un domestique qu'Abou-Bèkre lui avait envoyé avec un second animal. Ce fut miracle qu'il n'y gagnât pas une de ces belles et bonnes insolations contre lesquelles, sous un ciel pareil, il n'y a pas de remède.

Par contre, au moment où le pacha et sa cour s'embarquèrent pour *le Séverin*, le vent fraîchit, et, de la passerelle, nous voyions l'esquif, secoué par des vagues énormes, tirer d'impuissantes bordées. A la fin, une amarre lui fut lancée, et toute une bande de personnages, que je n'avais cependant pas invités, me montrèrent leurs faces noires derrière celle du grand homme. C'étaient les principaux notables de Zeilah, ses parents ou ses amis, qui avaient tenu à m'être présentés avant mon départ, et qui venaient me demander à s'installer à Obock, à l'ombre protectrice de notre pavillon, le jour où nous y serions enfin fixés nous-mêmes.

Je les accueillis naturellement comme il convenait, et l'on se mit à table. Mais mes hôtes, bons musulmans, se méfiaient de la cuisine française. Le potage, bien ! Ils étaient à peu près sûrs que, du moins, la viande de porc en était absolument bannie. Quant au reste, tous ces mets aux assaisonnements étranges, au fumet inquiétant, qu'est-ce que cela pouvait bien être ? Ils refusaient presque tout. Dans le nombre, cependant, on servit des petits pâtés. L'apparence honnête les en rassura. Ils se jetèrent dessus les doigts en avant : c'était précisément le seul plat dont la farce hachée menu contînt des fragments de la chair proscrite.

Après quoi, il n'y eut plus moyen de leur faire accepter quoi que ce fût. La mer, il est vrai, avait grossi, et le navire subissait de fortes oscillations ; peut-être ce mouvement désordonné était-il pour quelque chose dans leur réserve. Ils se levèrent de table. On leur porta des sirops sur l'avant. Puis, après que je les eu rejoints, et fait quelques derniers compliments, nous nous séparâmes, enchantés les uns des autres. Abou-Bèkre, en échange de mes présents. m'avait offert trois chèvres et deux moutons. C'était tout ce qu'il avait été possible de se procurer, prétendait-il, en aussi peu de temps. Naguère, cette côte était renommée pour l'abondance de ses troupeaux. La valeur d'un bœuf y était insignifiante. Trois moutons pour un thalari représentaient le taux courant.

Au premier abord, une plage d'un sable jaune et fin, donnant accès à une vallée couverte d'arbres que sillonnent les lits de deux ou trois torrents à sec, et qui, de l'est à l'ouest, se déroule en éventail dans l'intérieur des terres entre deux hautes falaises madréporiques; voilà Obock! Le double prolongement, à droite et à gauche, de ces lignes de rochers encadre une petite baie que ferment, du côté de la pleine mer, deux bancs de coraux assez considérables. C'est le port. L'eau y est profonde, les passes suffisamment praticables. La pointe extrême de la falaise sud s'appelle le cap Obock; celle du nord, beaucoup plus avancée dans la mer, se nomme Raz-Bir, — le cap du Puits.

FEMME DE CHEF DANKALI.

(D'après une photographie.)

A terre, le regard, qui perd vite sur ces bords toute habitude de la verdure et des ombrages, est charmé par l'aspect touffu de cette oasis. Les larges profils noirs de l'ombre des arbres sur ce sol, éclairé ailleurs des tons éclatants du soleil, produisent un effet attrayant, et notre première impression s'en ressent. Accompagné de deux ou trois de ces messieurs, je saute dans la baleinière et je me hâte vers le rivage, dont surgit déjà, dans ma pensée, l'image du mouvement futur. Une embarcation chargée des ustensiles nécessaires à un campement de quelques jours nous suit. Je me propose, en effet, d'y demeurer assez pour bien me rendre compte des dispositions à prendre en vue d'une installation sérieuse, et pour ébaucher nos premières relations avec les populations avoisinantes.

La carte à la main, nous nous dirigeons du côté où doivent se rencontrer les puits. A quelques centaines de pas de la mer, nous les découvrons, creusés dans le lit du principal torrent, au pied de la falaise nord, à la façon de ceux de Zeilah. Tout autour, de grands arbres. Ils appartiennent, pour la plupart, au genre acacia. Çà et là, des fouillis de lianes, des euphorbes, des ricins et autres arbustes. Des sentiers naturels serpentent au travers; de petites clairières les séparent. On se croirait dans un parc, — dans un

MIMOSA DE LA VALLÉE D'OBOCK.

(D'après une photographie.)

parc sans pelouses, il est vrai. — Je fais dresser ma tente à l'abri d'un énorme mimosa dont le tronc vieilli se partage en deux et dont le feuillage grêle recouvre un vaste espace. Nos hamacs s'y suspendent; nos lits de camp se déploient, et au bout d'une demi-heure à peine notre bivouac présente déjà un coup d'œil vivant et animé. On se croirait au milieu d'un parc, d'un parc sans pelouses, il est vrai, dessiné par le hasard. Cette vallée s'est appelée depuis « la vallée des Jardins ».

Voici bientôt des naturels qui se montrent. Ils sont cinq, quatre hommes et un enfant, tous nus jusqu'à la ceinture; pour tout costume, une sorte de culotte en cotonnade blanc sale, descendant jusqu'aux genoux. Le premier, un grand vieillard décharné, le corps étique, sur deux longues jambes d'araignée paraissant à peine le soutenir, s'annonce comme le gardien du pavillon français et, par conséquent, le seul représentant de l'autorité à Obock. L'enfant est son fils. Leur demeure est au bord de la plage. Les branches d'un mimosa ramenées au-dessus d'une natte, et c'est tout. Retenu par les devoirs de sa charge, il ne s'en éloigne jamais. Le lait de cinq à six chamelles, dont on distingue les silhouettes malingres broutant les buissons et les épines, fournit à son ordinaire. Nos navires de passage, des barques de pêcheurs y ajoutent quelquefois un supplément accidentel. En dehors de ces bonnes fortunes, rien de plus substantiel. Sa maigreur s'explique.

Si nous ne trouvons personne à Obock, me raconte-t-il, c'est que l'aridité de l'été en a chassé les indigènes qui ont conduit les troupeaux dans les montagnes, où une température plus fraîche leur ménage une nourriture moins précaire.

Cette année, les chaleurs ont été exceptionnelles et les pluies insignifiantes; aussi la saveur de l'eau des puits s'en ressent. La nappe souterraine n'étant plus assez forte pour repousser, en allant à la mer, les infiltrations salines, en est envahie quelque peu, et leur emprunte un goût légèrement saumâtre. Ce n'est point assez cependant pour rendre cette eau impropre aux usages ordinaires, et durant la journée, les équipages des deux embarcations à l'ancre y viennent, au contraire, renouveler leur provision. Je fais forer un nouveau puits, à trois ou quatre cents mètres au-dessus des premiers. La différence n'est pas sensible, mais un pâtre indigène m'en apporte d'un peu plus haut dans les terres. Celle-ci est délicieuse.

Un de mes compagnons s'enfonce sous les arbres et revient à la tombée de la nuit. Il n'a pu atteindre l'extrémité du fourré. Le bois continue en s'élargissant vers l'ouest et la vie animale y pullule : des gazelles, des oiseaux, des chacals, des perdrix même d'un plumage plus éclatant que celles de nos pays. Toutes ces bêtes habitant la contrée prouvent surabondamment à quel degré les conditions du séjour y sont en état de répondre aux besoins de l'existence humaine

Une fois installés, je tournai ma première reconnaissance vers la partie nord, qui est de beaucoup la plus intéressante. C'est d'une hauteur de 20 à 25 mètres que la falaise domine à pic les eaux de la mer. En arrière, elle se développe, sur une largeur de 700 à 800 mètres, en un vaste plateau qui, par une pente douce, va mourir au pied d'une seconde falaise un peu moins élevée que la première, et dont le prolongement, en remontant vers l'ouest, finit par se confondre avec le niveau de la plaine avoisinante. De constitution essentiellement madréporique, ce formidable exhaussement a vu, sous l'action des siècles et du climat, se niveler peu à peu ses rugosités primitives et ses excavations profondes se remplir progressivement des grains de terre ou de poussière qu'y apportaient les vents. Aussi n'est-ce pas l'aspect aride d'une arène rocailleuse et sans verdure qui surprend l'œil en l'abordant. Partout, au contraire, des arbres, plus disséminés et plus chétifs, il est vrai, que dans la vallée inférieure, mais de la même essence, y ont poussé. Les pluies y ont creusé çà et là des sillons qui en déchirent le sol comme autant de fossés. Ils sont tous à peu près parallèles et vont à la mer. Au bas de la seconde falaise, une cuvette plus enfoncée garde encore, sous la roche, des traces d'humidité. De quand date-t-elle ? A mesure qu'ils atteignent le rivage, le lit resserré de ces ruisseaux s'élargit, comme celui des fleuves à leur embouchure. Celui qui paraît le plus important se jette dans le port, environ vers le milieu. A sec, tel que je le vois, il laisse à découvert d'énormes gradins qu'on dirait taillés dans le roc par la main des hommes, et qui offrent un accès facile pour descendre jusqu'à l'eau. Au moment où nous nous approchons, un magnifique héron à aigrette blanche s'envole majestueusement de l'autre bord. Pour cette raison, nous l'appelons aussitôt « le ravin du héron ».

En laissant la baie sur notre droite, nous remontons à gauche vers la seconde falaise. Notre pied foule de grandes étendues de terrain arable. Puis le bois s'épaissit, les accidents du sol se multiplient, la marche devient plus difficile. Les branches épineuses des arbres nous arrêtent au passage. La nuit nous menace. Nous reprenons la direction du campement. L'obscurité nous enveloppe, mais, heureusement, une de ces obscurités lumineuses de l'Orient, où la clarté des étoiles, plus douce que les rayons du soleil, vous montre encore le bleu du ciel et les lignes de l'horizon. Aussi, nous distinguons des ombres qui s'agitent et passent à notre portée. Ce sont les animaux sauvages qui, à la chute du jour, vont boire aux puits d'en bas. Tous suivent la même route. Les uns, en nous apercevant, s'arrêtent effarés et rebroussent chemin ; d'autres continuent leur course. Une grande hyène a l'air de nous suivre ; sa masse hideuse se balance à quelques pas de nous. Un coup de fusil la met promptement en fuite. D'un autre, nous abattons une pauvre petite gazelle. Enfin, nous distinguons au-dessous. dans le lointain, des lumières; ce sont celles du bivouac. Rien n'y est changé.

J'avais, amené avec moi deux jeunes lévriers de l'espèce dite des *slouguis,* particulière à l'Algérie. D'une vitesse incomparable. il n'en existe point de pareils pour la chasse au lièvre ou à la gazelle. Rarement, s'ils ne le perdent pas de vue, le gibier leur échappe. Je me proposais, avec les miens, dans ces contrées dont je connaissais d'autrefois toutes les ressources cynégétiques, des parties merveilleuses. Hélas! l'un d'eux ne devait pas aller bien

MASSAOUAH. — BLANCHISSEUSE INDIENNE.

(D'après une photographie.)

loin. Pendant qu'assis auprès du feu, mon fusil entre les jambes, je me reposais de ma longue excursion, voilà qu'un de mes noirs se glisse silencieusement à mes côtés et, me montrant du doigt un buisson dans l'obscurité:

— Regarde, me dit-il, une gazelle!

Je tourne la tête et j'aperçois vaguement un animal planté sur ses quatre pieds à une cinquantaine de pas. Il s'éloigne doucement; il va disparaître; je fais feu...

— Il est tué, s'écrie mon homme en se précipitant vers l'endroit visé

Oui, il est tué. Mais c'était mon pauvre chien, le plus gentil des deux. Moi qui manque si souvent mon coup en d'autres occasions, j'avais été, cette fois, d'une adresse fatale. J'étais désespéré. Je fis creuser une fosse à la malheureuse bête; et si les chacals ou les hyènes ne sont pas parvenus à écarter les grosses pierres dont elle fut recouverte, ce sera là le premier émigrant dont le corps

ADEN. — « STEAMER-POINT. »
(D'après une photographie.)

aura été enseveli à Obock. Au moins sera-t-il mort, celui-là, sans y avoir fait de mal.

L'exploration du territoire proprement dit d'Obock était loin d'être achevée. Le lendemain, je me mis en mesure de la compléter. Rien de bien neuf ni de bien intéressant. L'aspect d'ensemble continuait à s'en présenter tel qu'il nous avait frappés au premier abord. La vallée, toujours couverte de ses grands arbres et de ses fourrés en broussailles, nous conduisit, au bout de longues heures de marche, au pied d'une montagne où les termes du traité de 1862 nous concèdent le droit de pâturage, et dont le versant occidental marque, de ce côté, la limite de nos possessions. Des gazelles, des lièvres, des perdrix s'enfuyaient çà et là à notre approche.

Partout la paix, la solitude : pas une âme autour de nous. A quelques jours de là, plus à l'ouest, sur la route du Choa, se trouve la ville d'Aoussa, au bord du lac de ce nom. Les bords de cette nappe liquide où se perdent les eaux du fleuve Aouache, marécageux et garnis d'une herbe épaisse, offrent en tout temps aux bestiaux une nourriture abondante. C'était vers ces parages, sans doute, que les populations du littoral étaient allées, en partie, sud, elle se raréfiait encore. Plus près de la mer elle cessait, pour ainsi dire, brusquement. Là, c'était bien le littoral aride, tel que je l'avais toujours connu, de la mer Rouge et de ses abords. En le longeant pour regagner Obock, nous [passâmes par la pointe sud, chercher des ressources qui leur manquaient chez elles. Aux flancs dégarnis des montagnes se détachaient de nombreux lits de torrents à sec, dont la direction générale convergeait uniformément vers la vallée, devenue ici une vaste plaine, sans autre limite que celle du regard. Mais des arbres, de la végétation de toutes parts, bien que peu fournie.

A mesure que nous revenions sur nos pas nous passâmes par la pointe sud dont le promontoire ferme le port sur ce point. Au pied même, confondues avec celles de la mer à marée haute, s'échappent les eaux bouillantes d'une source sulfureuse. Impossible à la main d'y rester. Les convulsions de ce sol volcanique n'y ont peut-être pas encore dit leur dernier mot. De nombreux coquillages jonchent le sol, notamment ces grandes coquilles dentelées dont on se sert pour faire des bénitiers, et qui en empruntent le nom ; aux rochers baignant dans la mer adhèrent des huîtres appétissantes qui ne peuvent s'en détacher qu'à coups de pic ou de marteau.

En face de l'inconnu qui nous environnait, sur cette plage inhabitée, nous devions, chaque nuit, exercer autour de nous une garde sévère. La consigne était pour tous. A chacun son tour de faction. Nul n'en était affranchi. Je m'y soumettais comme les autres. Cette nuit-là, pendant que mes hommes dormaient à mes côtés, se reposant sur moi du soin de veiller pour eux, je laisse ma pensée, enivrée des senteurs du tropique et rafraîchie au souffle de la brise, plonger en avant dans l'avenir, pour chercher le secret du destin qui s'y cache. Quel calme! quelle paix tout autour! comme ce paysage, à demi baigné dans les vapeurs lumineuses des ténèbres se déroule sous mon regard plein d'une solennelle grandeur! Aussi loin que je puis voir, la solitude! Aussi loin que je puis entendre, le silence! Et dans quelques années, lorsque je ne serai plus là, lorsque je serai mort peut-être, je me le demande, sur ce rivage où, le premier, j'aurai posé le pied dans un but de progrès, mon passage aura-t-il jeté des semences fécondes? Oui, j'ai la foi et j'espère! Je vois déjà se peupler ces déserts; je vois de cette Afrique mystérieuse, encore fermée à nos efforts, sortir et s'avancer vers nous toutes ces caravanes chargées des richesses qui attirent à elles la civilisation, et conduites par des hommes qui en invoquent les bienfaits. Je vois une ville surgir; je vois un port s'ouvrir; et par-dessus tout, je vois, sur ce coin de terre ignoré, grandir le nom de la France; je vois son action chrétienne et bienfaisante rayonner jusqu'au centre de ce vaste continent qui l'appelle; je la vois enfin, obéie et respectée, trouver là, pour sa prospérité, pour sa puissance, un élément de plus!... Puisse la main de Dieu s'étendre sur ce rêve!... (1).

Vingt-quatre heures après, je disais adieu à Obock. Tandis que nous appareillions, je remarquai deux bâtiments indigènes mouillés à peu de distance. L'un, le plus petit, appartenait, à n'en pas douter, à d'inoffensifs trafiquants ou à des pêcheurs. On voyait même, à quelques encâblures de sa coque mobile, deux ou trois des hommes qui le montaient se livrer à l'exercice de leur profession. Les poissons de toute espèce, gros ou minces, foisonnent sur ces bords, et il n'est pas un riverain qui ne s'y adonne à la pêche. Elle est toujours fructueuse, et le produit en constitue un des principaux éléments de la nourriture journalière. Rien de curieux et de simple comme l'équipage de ces industriels. Point d'autre esquif qu'un étroit radeau, formé de deux fortes bûches d'une longueur de deux mètres environ, et maintenues par un lien solide. L'homme le met à la mer, et à cheval sur son instrument, les jambes pendantes dans l'eau, alternativement en jeu pour le pousser au large, il affronte parfois de gros temps, et va souvent fort loin chercher l'endroit propice où jeter sa ligne. Puis là il reste toute une journée s'il le faut, aussi insouciant des périls auxquels il est exposé, qu'absorbé par sa tâche. Point d'autre souci que la pêche. Le soleil, la fatigue, les requins, peu importe! Et le soir, il revient, toujours d'après la même méthode, portant accumulés devant lui les fruits de son travail. Quelquefois, il remorque à sa suite une lourde tortue; d'autres fois, quelque jeune requin dont les aînés nagent autour de lui, sans provoquer sa frayeur. La chaire en est assez prisée des indigènes. J'en ai mangé; ce n'est pas plus mauvais qu'autre chose.

(1) On a lu plus haut, dans l'introduction à ce récit, que ce rêve s'est déjà en partie accompli.

Dans le moment même, j'apercevais de mon observatoire, deux ou trois de ces monstres se jouant dans la rade. J'en étais plus préoccupé, moi, spectateur à l'abri du danger, que ces gens tout entiers à leur affaire, ne paraissaient l'être pour leur propre compte. A peine quelques mouvements afin de les éloigner ou de s'en garer.

Sur le rambouck le plus grand, personne ne bougeait. Depuis plusieurs jours déjà à l'ancre, nous en avions rencontré deux ou trois fois les matelots près des puits où ils venaient chaque matin faire de l'eau. Mais nous n'en savions rien de plus, et son immobilité mystérieuse n'était pas sans m'intriguer. L'énigme ne devait m'en être expliquée que plus tard, aux Indes, bien des mois après.

En attendant, je voguais l'esprit léger et l'âme confiante. Le ciel était bleu, la mer était calme et la brise soufflait doucement. Deci, delà, nous croisions des barques indigènes mollement bercées par la vague. Sous leurs allures indifférentes, plus d'une cachait sans doute des nids de forbans, chargement d'esclaves ou repaire de pirates. Mais nous n'eûmes ni à nous en apercevoir ni à en souffrir.

Denis de Rivoyre.

UNE HALTE.

(D'après une photographie.)

www.ingramcontent.com/pod-product-compliance
Ingram Content Group UK Ltd.
Pitfield, Milton Keynes, MK11 3LW, UK
UKHW020405250726
13967UKWH00006B/2484